Die moderne ungarische Küche
trägt auch heute
untrügliche Spuren
der ältesten Zeiten ...

Károly Gundel

Ungarn
KOCHBÜCHLEIN

von
Klaus-Jürgen Boldt

Verlag für die Frau
Leipzig

ISBN 3-7304-0378-8

Fotos: Grit Hentschel
Gestaltung: Lore Jacobi
Lektorat: Ingrid Bednarsky
Satz: TypoLiner GmbH Leipzig
Gesamtherstellung:
Offizin Andersen Nexö Leipzig GmbH,
Graphischer Großbetrieb
Printed in Germany

Inhalt

Küche für verwöhnte Gaumen

»Typisch ungarisch« – wer wüßte nicht, was damit gemeint ist. Paprika! Edelsüß oder extra scharf, frisch als Schote oder getrocknet als Pulver … Doch nicht allein dem Paprika verdankt Ungarn seinen Ruf, die erste Adresse für verwöhnte Gaumen östlich von Wien und westlich von San Francisco zu sein. Schließlich zog das »typisch ungarische Gewürz« erst in der Neuzeit – sprich: in den letzten zwei Jahrhunderten – in die nationale Küche ein. Die Pflanze selbst kam zwar schon im 17. Jahrhundert nach Ungarn – mit den türkischen Eroberern, die sie für ihren eigenen Bedarf anbauten. In den ungarischen Kochbüchern jedoch findet man den Paprika erst im späten 19. Jahrhundert in nennenswerten Mengen.

Nein – es ist nicht nur der Paprika, der der ungarischen Küche das unverwechselbare Gepräge gibt. Es ist auch die Zwiebel. Die Tomate. Der Pfirsich, die Aprikose, die Weintraube, die Melone. Es sind all die Früchte, die im günstigen Klima, auf den guten Böden Ungarns gedeihen. Und es ist der Fogasch – der ungarische Zander –, die Mastgans, das Spanferkel, die Pute, angemacht mit Rahm und Schweineschmalz …

Alles in allem: Nicht die Einheit, sondern die Vielfalt hat die ungarische Küche in aller Welt berühmt und beliebt gemacht!

Und doch kann der Paprika als typisches Beispiel gelten. Denn immer wieder wirkten ausländische Küchenbräuche auf Ungarn ein. Vor den Türken beispielsweise führte eine italienische Königs-Gemahlin ihre kulinarischen Ansprüche in Ungarn ein. Im 19. Jahrhundert kam die französische Küche groß in Mode. Und natürlich die Hinterlassenschaft der k.u.k.-Monarchie – Wiener Schnitzel oder Tafelspitz auf Hortobagyer Art zählen heute ohne Zweifel zu den typisch ungarischen Spezialitäten.

Aus der glücklichen Verbindung dieser fremdländischen Einflüsse mit den alten Traditionen der ur-ungarischen Nomadenstämme entwickelte sich jener einzigartige »ungarische Geschmack«, wie wir ihn heute kennen.

Leider kann dieses kleine Büchlein nur einen Bruchteil der Geheimnisse guter ungarischer Küche lüften. Die wichtigsten Zutaten seien deshalb vorab kurz beschrieben.

An vorderster Stelle steht natürlich der **Paprika**. Handelsüblich sind drei Sorten:

Delikateß-Edelsüß Paprika (*Csemege*); Edelsüß Paprika (*Edes nemes*) und Rosenpaprika (*Rozsa*).

Das »Edelsüß« genannte leuchtend rote Paprikapulver schmeckt pikant und gibt den Gerichten die typische Farbe. Für den scharfen Geschmack verwendet man Rosenpaprika oder die getrockneten kleinen roten Paprikakirschen.

Paprikagewürz entfaltet im erwärmten Fett sein volles Aroma. Aber Vorsicht: Wird das Fett zu heiß, brennt der Paprika an, wird bitter und verliert seine schöne rote Farbe.

Zwiebel wird in der ungarischen Küche häufig verwendet. Man nutzt vorrangig ihren feinen pikanten Geschmack; die Frucht selbst verkocht.

Zwiebelscheiben und -ringe gehören an Pörkelt, Gulasch und Ragout; für Suppen, Soßen und Fleischfüllungen (Farcen) nutzt man feingehackte Zwiebeln.

Der arteigene frische Geschmack der Gerichte wird durch **Rahm** und **saure Sahne** gefördert. Nur selten läßt man die Sahne mitkochen; meist gibt man sie erst kurz vor dem Servieren zu.

Mehlschwitze zum Andicken von Gemüse, Suppen und Soßen ist wichtiger Bestandteil der ungarischen Küche. Im Hinblick auf eine kalorienbewußte Ernährung ist sie natürlich weniger empfehlenswert. Ob Mehlschwitze oder nicht – diese Entscheidung sei Ihnen überlassen.

Zum Abschluß noch ein Wort zur Gundel-Küche, von der auch in diesem Büchlein die Rede ist. Károly Gundel

(1883–1956) ist der berühmteste Gastwirt, der je in Budapest lebte und wirkte. In seiner »Gaststätte im Stadtwäldchen« (die heute seinen Namen trägt), im Budapester »Royal« und dem »Hotelrestaurant Gellért« kreierte er auserlesene Gerichte. Mit seinem Buch »Kleines ungarisches Kochbuch« (1934), das in mehreren Sprachen verlegt wurde, popularisierte Gundel weltweit die ungarische Küche. Das Original zählt ebenso wie die von den beiden Gundel-Söhnen bearbeitete Neufassung des Kochbuchs heute zu den Standardwerken internationaler Kochkunst.

Doch genug der Vorrede. Willkommen in der ungarischen Küche! Und vergessen Sie nicht, einen Wein aus Badacsony, Eger oder Tokay bereitzustellen.

Einfache Knochenbrühe

*600 g Rinderknochen,
250 g Rindfleisch (Brust, Hesse oder Dünnung), je 2 bis 3 Piment- und Pfefferkörner, Salz,
1 Suppengrün, 2 kleine Zwiebeln.*

Knochen und Rindfleisch in kochendes Wasser geben, kurz aufkochen. Abgießen, Knochen und Fleisch kalt abspülen und in 2 l kaltem Wasser ansetzen. Langsam zum Kochen bringen. Aufsteigenden Schaum ständig abschöpfen. Nach 1/2 Stunde Kochzeit gedrückte Gewürze und Salz in die Brühe geben. Vorsichtig weiterkochen. Geputztes Suppengrün und geröstete halbe Zwiebeln zugeben. Insgesamt 2 bis 4 Stunden kochen; die Brühe sollte klar bleiben. Passieren und Fett entfernen. Diese Brühe dient als Grundfond für verschiedene Gerichte.

Rinderkraftbrühe

(für 6 bis 8 Personen)

300 g mageres Rindfleisch aus der Hesse, 2 Eiklar, 1 Teel. Tomatenpüree, 1 Suppengrün oder 300 g gefrorenes Suppengemüse, 2 l Knochenbrühe (s. Rezept S. 12), Salz, Muskat.

Das Rindfleisch grob durchdrehen. Eiklar, Tomatenmark und gewürfeltes Suppengrün untermischen. Mit kalter Knochenbrühe aufgießen und langsam zum Kochen bringen. 20 Minuten abgedeckt am Rand des Herdes ruhen lassen. Vorsichtig durch ein Tuch abseihen. Abfetten, mit Salz und Muskat abschmecken. Mit einer Einlage aus Rindermark, Grießklößchen oder Teigwaren servieren.

Geflügelkleinsuppe

800 bis 1000 g Geflügelklein,
2 mittlere Möhren, 2 Kartoffeln,
2 Zwiebeln,
Salz, weißer Pfeffer, Muskat,
250 g Champignons, 30 g Butter,
20 g Mehl, 2 Eigelb.

Gewaschenes Geflügelklein in 2½ l kaltem Wasser mit Möhren, Kartoffeln und Zwiebeln zum Kochen bringen. Vorsichtig ausschäumen, würzen. Gegarte Möhren und Kartoffeln herausnehmen. Champignonscheiben in Butter anschwitzen, mit Mehl bestäuben und mit der Brühe aufgießen. Kartoffeln und Möhren stampfen, mit dem Geflügelfleisch an die Brühe geben. Aufkochen und in einer Suppenschüssel, in die man die Eigelbe geschlagen hat, servieren.

Hasenkleinsuppe

750 g Hasenklein (Hals, Rippen, Sehnen, Herz, Kopf), 1 Suppengrün, 5 bis 8 gedrückte Wacholderbeeren, 2 bis 3 Lorbeerblätter, 4 bis 5 Pfefferkörner, Salz, 2 l Knochenbrühe (s. S. 12), 30 g Butter, 1 Eßl. Mehl, 1/3 Zitrone, 100 ml Rotwein, 100 ml saure Sahne, 1 Eßl. Kapern, Pfeffer.

Gewaschenes Hasenklein mit Suppengrün und Gewürzen in der Brühe zum Kochen bringen. Vorsichtig ausschäumen. Weiterkochen, bis das Hasenklein gar ist. Fleisch von den Knochen lösen und kleinschneiden. Aus Butter und Mehl eine Schwitze bereiten, mit der Brühe auffüllen, glattrühren, durchkochen und passieren. Zitronenscheiben, Rotwein, Sahne und Kapern zugeben. Mit Salz und Pfeffer abschmecken. Mit Buttercroutons (s. S. 119) servieren.

Feine Lebersuppe

2 Stück Entenleber, 1/2 Suppengrün,
1 1/2 l Rinderbrühe, 50 g Butter,
100 g Champignons oder
20 g getrocknete Pilze (eingeweicht),
Salz, Pfeffer, 1 Eßl. Mehl,
2 Eigelb, 100 ml saure Sahne,
100 ml trockener Tokayer.

1 Stück Entenleber mit dem Suppengrün in der Brühe zum Kochen bringen. In einem zweiten Topf das andere Leberstück in der Butter mit Pilzen anschwitzen. Würzen, Leber herausnehmen. Im Bratenfond eine Mehlschwitze bereiten, mit der Brühe auffüllen, durchkochen. Leber würfeln, an die Suppe geben. Eigelb mit saurer Sahne mischen und in die Suppe einrühren. Kurz vor dem Servieren mit Tokayerwein verfeinern.

Kartoffelcremesuppe

½ kg geschälte Kartoffeln, Salz,
1 l Knochenbrühe (s. S. 12), Pfeffer,
50 g Butter, 100 g Zwiebelwürfel,
1 Teel. Paprika Edelsüß,
100 ml Sahne, 2 Eigelb.

Kartoffeln in Salzwasser garen. Wenn sie weich sind, durch ein Sieb streichen. Mit heißer Brühe auffüllen, durchkochen und würzen. In der Butter die Zwiebelwürfel dünsten. Paprika anstäuben und mit Sahne ablöschen. Alles zusammen in die Suppe geben und mit verquirltem Eigelb servieren.

Altungarische Sauerkrautsuppe

4 Zwiebeln, 50 g Schweineschmalz,
1 Eßl. Mehl, 1 Eßl. Paprika Edelsüß,
1 l Sauerkrautsaft,
500 ml Knochenbrühe (s. S. 12),
200 g Weinsauerkraut,
300 g Knackwurst, Salz, Pfeffer,
100 ml saure Sahne.

Zwiebelwürfel in Schmalz dünsten. Mehl anschwitzen, den Paprika zugeben. Nicht zu heiß werden lassen! Mit Sauerkrautsaft und Brühe auffüllen, glattrühren. Fein geschnittenes Sauerkraut und Knackerscheiben zugeben, durchkochen. Mit Salz und Pfeffer abschmecken. Vor dem Servieren mit saurer Sahne verfeinern. Mit Lauch und Paprika garnieren.

Feine Weinsuppe Tokayer Art

1 l trockener Weißwein,
Saft einer Zitrone, 2 Nelken,
1 Messerspitze Zimt,
8 Eigelb, 4 Eßl. Zucker,
200 ml Schlagsahne.

Wein mit Zitronensaft und Gewürzen zum Kochen bringen. Eigelb und Zukker schaumig rühren, Sahne untermischen und vorsichtig mit dem fast kochenden Wein aufgießen. Unter ständigem Rühren erhitzen. Die Suppe darf nicht kochen! Mit dem Mixstab aufschäumen und sofort servieren.

Zur Weinsuppe paßt frischer gesalzener Fischrogen auf Toast.

Obstsuppe

1 kg Obst (Äpfel, Quitten, Aprikosen, Melone oder Pfirsiche), 1 Prise Salz, 1 kleine Zimtstange, Saft einer Zitrone, 250 ml Weiß- oder Roséwein, 2 Eßl. Mehl, 3 Eigelb, 200 ml Schlagsahne, 100 g Zucker.

Obst waschen, entkernen und zerkleinern. In 1 l Wasser mit Salz, Zimt und Zitronensaft zum Kochen bringen. Wein zugeben. Mehl, Eigelb und die Hälfte der Sahne gut verquirlen, unterheben. Die Suppe nicht mehr kochen. Gut abkühlen. In Tassen oder, wie auf dem Foto, in ein »eßbares« Gefäß füllen. Restliche Sahne mit Zucker steifschlagen. Suppe mit Sahne und Obst garnieren.

Knoblauch

Suppeneinlagen

Eiereinlauf

2 Eier, Salz, etwas Muskat,
2 Eßl. Mehl.

Eier mit den Gewürzen gut schlagen. Mehl nach und nach einrühren, bis die Masse glatt ist. Eventuell noch durch ein Sieb rühren. Eiermasse unter ständigem Rühren in die kochende Brühe oder Suppe rinnen lassen. Kurz aufkochen und sofort servieren.

Gekneteter Suppenteig

400 g Mehl, 4 Eier, 1/2 Teel. Salz.

Mehl, Eier und Salz mit etwas lauwarmem Wasser zu einem festen Teig kneten und ca. 1 Stunde ruhen lassen. Zu kleinen Laiben formen, dünn ausrollen und kleine Knödel, Nudeln, Würfel oder ähnliche Formen modellieren. Besonders als Einlage für Brühen geeignet. Für 4 Personen rechnet man ca. 80 g Teig. – Restlichen Teig auf einem Leinentuch trocknen. Im Leinensäckchen an einem trockenen Ort aufbewahrt, hält sich der Teig längere Zeit frisch.

Leberklößchen

150 g Leber (Kalb, Schwein oder Geflügel), 1 kleine Zwiebel, 10 g Butter, 100 ml Milch, 1 trockene Semmel, Salz, Pfeffer, 1 Ei, 1 Eßl. gehackte Petersilie, etwas Semmelmehl.

Die Leber zweimal durch den Fleischwolf (feine Scheibe) treiben. Zwiebelwürfel in Butter dünsten und mit der in Milch eingeweichten, ausgedrückten Semmel durchdrehen, salzen und pfeffern. Ei und gehackte Petersilie zugeben. Gut vermengen, eventuell etwas Semmelmehl beimischen. Zu kleinen Klößchen formen und in der Brühe gar ziehen lassen.

Gebackene Erbsen

30 g Butter, 120 g Mehl,
400 ml Milch, 4 Eigelb,
Salz, etwas Muskat.

Butter zerlaufen lassen. Mehl darin anschwitzen. Heiße Milch auffüllen, glattrühren und kurz aufkochen. Lauwarm abkühlen lassen, Eigelb unterheben, würzen. Die dickflüssige Masse durch ein grobes Sieb (Durchschlag) vorsichtig in heißes Fett einlaufen lassen. Goldgelb backen. Mit dem Schaumlöffel herausnehmen und auf Küchenkrepp abtrocknen. In der Suppe oder als Beilage dazu servieren.

Fogasch (Zander) in Gelatine

1 Zander oder Hecht (ca. 700 g),
Salz, 1 Zitrone,
1 Suppengrün,
7 bis 8 Blatt Gelatine,
100 ml Weißwein,
2 bis 3 hartgekochte Eier,
1 Bund Dill,
3 Eiklar.

Den Fisch am besten vom Händler küchenfertig vorbereiten lassen. Fisch in 1½ l kaltem Salzwasser mit Zitrone und kleingeschnittenem Suppengrün ansetzen. Vorsichtig zum Kochen bringen. Bei maximal 90° C ca. 20 bis 30 Minuten garen. Im Fond erkalten lassen, am besten über Nacht.

Den Fisch herausnehmen und gut abtropfen. Die eingeweichte Gelatine in 750 ml Fond auflösen. Mit Zitrone, Wein und Salz pikant abschmecken.

Den Fisch von Haut und Gräten befreien und in Stücke schneiden. Diese in eine Schüssel legen, mit Eischeiben und Dill garnieren. Den kalten gelierenden Fond aufgießen.

Sollte der Fond trübe sein, wird er mit Eiklar geklärt (s. S. 122).

Als Beilage serviert man Tomatenscheiben, Mais und Sauce tatare (Rezept auf S. 120).

Gänseleberpastete

2 Stück Gänseleber à 300 g,
Salz, 500 ml Milch,
4 kleine abgezogene
Champignonköpfe, 1 Trüffel,
10 g Butter, 4 Eßl. Portwein,
3 Eier, 1 altbackene Semmel,
Pastetengewürz,
Butter, Semmelbrösel.

Eine Gänseleber über Nacht in etwas gesalzener Milch weichen lassen. Die Flüssigkeit soll die Leber nur knapp bedecken.

Danach in der Weichflüssigkeit abgedeckt dünsten, bis die Milch fast verkocht ist. Nach dem Auskühlen die Leber kleinschneiden. Die andere Leber ebenfalls in Milch einweichen und roh passieren. Pilze und Trüffel in Butter dünsten, mit Wein ablöschen und einkochen lassen. Die rohe und die gegarte Leber, Eigelb, eingeweichte und ausgedrückte Semmel, Salz und Pastetengewürz mischen. Die Eiklar steifschlagen und zum Schluß unterheben.

Die Lebermasse in eine gefettete, mit Bröseln ausgestreute Form füllen. Im Wasserbad in der Röhre 1 bis 1½ Stunden garen. Nach dem Auskühlen stürzen und bis zum Servieren kalt stellen.

Zu dieser Delikatesse serviert man frischen Rotwein und Baguettes.

Gänseleberpastete ist ein legendäres Gericht der ungarischen Küche. Es gibt dafür eine Vielzahl von Rezepten. Das hier vorgestellte beschreibt eine besonders feine Art der Pastete.

Gefüllte Pilze

Pro Person 3–4 große Champignons, 30 g Butter, 100 g gekochter Schinken, 2 gekochte Kartoffeln, Salz, Pfeffer, ½ Teel. Paprika Edelsüß, 1 Bund Petersilie, 2 Eier, 100 ml saure Sahne.

Die Pilzstiele herausdrehen, putzen, feinhacken. In der Butter mit Schinken- und Kartoffelwürfeln anschwitzen. Kräftig würzen. Gehackte Petersilie und rohe Eier zugeben und gut vermischen. Auf sechs Pilzköpfe rechnet man ca. 1 Kartoffel, 50 g Schinken und 1 Ei. – Die Hüte der Pilze abziehen und kegelförmig mit der nicht zu heißen Masse füllen. Pilzköpfe auf Buttercroutons (s. S. 119) setzen, in eine gut mit Butter gefettete Form geben und in der Röhre ca. 15 Minuten backen. Von Zeit zu Zeit mit saurer Sahne beträufeln.

Gefüllte Palatschinken

400 g Hähnchenbrust, 1 Eßl. Mehl, Salz, Pfeffer, Paprika, 40 g Schmalz, 100 g Zwiebel, 100 g Steinpilze, je 1 Eßl. Paprikaschotenwürfel rot, grün und gelb, 100 ml saure Sahne, je Portion 2 Palatschinken (Rezept S. 119), 50 g magerer Speck, frische Kräuter.

Hühnerfleisch in Scheibchen schneiden, würzen, in Mehl wenden. In heißem Schmalz anbraten. Zwiebel- und Pilzscheiben sowie Paprika zugeben, durchschwitzen, mit saurer Sahne ablöschen und kurz ankochen. Fleisch aus der Sauce nehmen. In die Palatschinken geben, zusammenrollen. Etwas Sauce angießen, mit kross ausgebratenen Speckstreifen und Kräutern garnieren.

Geschichtete Fleischtorte

200 g Zwiebel, 200 g Champignons, 500 g gekochter Schinken, 50 g Butter, 2 Eßl. Paprika Edelsüß, 1 Eßl. Mehl, Pfeffer, Salz, 125 ml saure Sahne, 2 Eigelb, 8 bis 10 Palatschinken (s. Rezept S. 119).

Zwiebel, Pilze und Schinken in feine Würfel schneiden. Mit der weichen Butter verrühren. Paprika und Mehl untermischen, würzen. Saure Sahne und Eigelb zugeben. Die fertige Masse muß dicklich sein. Palatschinken nacheinander in eine Tortenform schichten; dazwischen jeweils 2 bis 3 Eßl. Schinkenmasse aufstreichen, bis die Torte 8 bis 10 cm hoch ist. Obenauf Butterflöckchen und die restliche saure Sahne geben. In der Röhre 15 Minuten backen. Wie eine Torte geschnitten servieren.

Pilzstrudel

400 g Pilze (Austernseitlinge, Steinpilze, Champignons), 200 g Zwiebel, 100 g Butter, Salz, Pfeffer, 1 Eßl. Paprika Edelsüß, 5 Eier, 250 g Strudelgrundteig (s. S. 120), 1 Eigelb, 125 ml saure Sahne.

Pilze gut waschen, kleinschneiden, mit Zwiebelwürfeln in der Butter weichdünsten. Würzen, mit Paprika bestreuen. Eier aufschlagen und unter ständigem Rühren über die Pilze gießen. Eier stocken lassen; sie dürfen nicht zu fest werden. Nach dem Auskühlen die Masse auf den Strudelteig geben und zusammenrollen. Teig mit Eigelb-Wasser-Gemisch bestreichen. Auf gefettetem Blech bei ca. 160° C ca. 15 Minuten backen. Beim Anrichten saure Sahne angießen. Mit Schnittlauchröllchen garnieren.

Fischstrudel

Für die Fischfarce:
500 g Fischfilet
(Hecht, Zander oder Lachs),
Salz, 300 ml Schlagsahne,
1 Eßl. gehackter Dill,
je 1 Eßl. Paprikaschotenwürfel
rot und grün,
50 g Champignons.
Für den Teig:
250 g Strudelteig (s. S. 120),
2 Eigelb, 2 Limonen,
50 g Butter, Pfeffer.

Das Fischfilet grob würfeln, salzen, gut durchkühlen. Zwei- bis dreimal durch den Wolf drehen. Anschließend durch ein Sieb streichen. Mit der kalten Schlagsahne vorsichtig mischen. Die Masse muß luftig und locker sein. Jetzt Dill, Paprika und die in Viertel geschnittenen Champignons zugeben.

Nochmals pikant abschmecken. – Die Fischfarce in den Strudelteig füllen, zusammenrollen und mit Eigelb-Wasser-Gemisch bestreichen. Im Ofen bei 150° C ca. 30 Minuten backen. Den fertigen Strudel in 5 cm dicke, schräge Scheiben schneiden. Den Saft der Limonen mit der zerlaufenen Butter mischen, den Strudel damit begießen. Obenauf groben Pfeffer aus der Mühle streuen.

Ein anderes Rezept für eine Strudel-Fischfarce finden Sie auf S. 122.

Altungarischer Fleischpudding

50 g Butter, Salz, weißer Pfeffer,
Muskat, 100 g Mehl,
500 g mageres Kalbfleisch, 2 Eier,
500 ml Schlagsahne, 4 Eiklar,
2 Eßl. gehackte Paprikaschote.

Die Butter in 125 ml Wasser zum Kochen bringen. Mit Salz, weißem Pfeffer und Muskat würzen. Das Mehl einstreuen. Über dem Feuer glattrühren, bis sich der Teig vom Boden löst. Auskühlen lassen.

Das Kalbfleisch zweimal grob durch den Wolf drehen (3 mm Lochdurchmesser). Gut würzen und kalt stellen. Die Eier untermischen. Schlagsahne und Eiklar steifschlagen. Das Fleisch mit dem Mehlteig mischen, nochmals abschmecken. Jetzt Paprikawürfel und nach und nach die Schlagsahne und den Eischnee unterheben. – Eine feuerfeste Form buttern und mit Semmelbröseln ausstreuen. Die Masse einfüllen, glattstreichen und im Wasserbad 1 Stunde bei 140° C im Ofen garen. Aus dem Herd nehmen, stürzen und mit Paprikasauce servieren. Die Sauce kann auch extra gereicht werden.

Fleischpudding läßt sich ebenso mit Hühnerfleisch, Fisch, Hirn oder Gänseleber zubereiten. Mit Gemüse, Pilzen und Käse kann das Rezept ebenfalls abgewandelt werden.

Gefülltes Kraut

400 g Schweinehack,
Salz, Pfeffer, Majoran,
1 Teel. Paprika Edelsüß,
8 Blätter gesäuertes Weißkraut,
200 g magerer Speck,
1 Bund frischer Dill,
1 Bund Bohnenkraut,
1 kg Sauerkraut,
200 g Schweinebauch,
250 ml Weißwein,
100 ml saure Sahne.

Das Schweinehack gut würzen und in die Weißkrautblätter füllen. Die Kohlrouladen sollen nicht zu groß sein. Eine feuerfeste Form oder einen Römertopf mit Speckscheiben auslegen, mit Dill und Bohnenkraut bestreuen. Das Sauerkraut und den gewürzten Schweinebauch schichtweise in die Form einlegen. Obenauf die kleinen Kohl-

rouladen geben. Mit dem Wein begießen und bei mäßiger Hitze 2 bis $2^1/_2$ Stunden garen. Beim Servieren mit saurer Sahne begießen und mit Kräutern garnieren. Dazu reicht man einen kräftigen Weißwein und einen Barasc Palinka.

Gefülltes Kraut ist ein ganz typisches ungarisches Gericht – aber nichts für Leute mit empfindlichem Magen. In Ungarn kocht man das deftige Mahl oft schon Tage im voraus und bringt es dann immer wieder auf den Tisch.

Debrecsiner Schweinerücken

600 g schierer Schweinerücken,
200 g Debrecsiner Würstchen,
Salz, Pfeffer, Paprika,
125 ml Weißwein,
400 g Sauerkraut, 1 Blumenkohl,
1 Maiskolben, 4 Tomaten.

Schweinerücken mit einem langen Messer einstechen. Von der Wurst die Pelle abziehen. Wurst in den Schweinerücken einschieben. Fleisch gut würzen. Mit Weißwein bei 170° C ca. 30 bis 40 Minuten im Ofen garen. Bratenfond extra servieren. Gekochtes Sauerkraut, gedünstete Blumenkohlröschen und mit Mais gefüllte Tomaten als Beilage reichen.

Würstchenpörkelt mit Krautreis

Für das Pörkelt:
300 g Zwiebeln, 50 g Schmalz,
2 Eßl. Paprika Edelsüß, 2 Eßl. Mehl,
500 ml Brühe, 4 Tomaten,
3 rote Paprikaschoten,
5 Wiener Würstchen,
Salz, Pfeffer,
125 ml saure Sahne.
Für den Reis:
1 Eßl. Zwiebelwürfel, 30 g Öl,
300 g Langkornreis, 250 ml Brühe,
200 g Weißkrautwürfel.

Zwiebelscheiben in heißem Schmalz hellbraun rösten. Paprikagewürz und Mehl zugeben. Mit der Brühe auffüllen, glattrühren und durchkochen. Zwischenzeitlich Tomaten abziehen, Samenstand entfernen, Früchte grob schneiden. Tomaten, Paprika und die

Würstchen in die Brühe geben. Würzen. Kurz durchkochen und Sahne einrühren.
Für den Reis zuerst die Zwiebelwürfel in Öl anschwitzen. Den Reis zugeben, alles durchrühren und mit Brühe auffüllen. Im Ofen 18 bis 20 Minuten bei ca. 160° C garen. Mit einer langzinkigen Gabel die Weißkrautwürfel untermischen. Den Reis als Beilage zum Wurstpörkelt zu Tisch bringen.

Gebackene Kalbszunge

1 Kalbszunge (600 bis 700 g), Salz, ½ Suppengrün, Pfefferkörner, 1 Lorbeerblatt, 2 Eßl. Mehl, 2 Eier, 50 g Butterschmalz, 250 ml Tomatensaft, scharfer Paprika, einige Tropfen Tabasco, etwas Zucker, 20 g Butter, 100 ml Schlagsahne.

Kalbszunge in Salzwasser mit Suppengrün und Gewürzen garkochen. Die dicke Haut unter kaltem Wasser abziehen. Fleisch abkühlen, längs in fingerdicke Scheiben schneiden. Mit Pfeffer aus der Mühle würzen, durch Mehl und geschlagenes Ei ziehen und im Butterschmalz braten. Für die Tomatensauce Tomatensaft erhitzen, würzen. Beim Kochen mit dem Mixstab Butter und Sahne unterziehen und aufschäumen. Mit Nockerln oder Makkaroni und Tomatenfilets servieren.

Gänseleber

Gänseleber ist eine ausgesprochene Delikatesse, die zur Weihnachtszeit auf keiner Tafel fehlen darf. Wir beschreiben hier drei gebräuchliche Zubereitungsarten.

Braten

Eine große helle Gänseleber und etwa 100 g Gänsefett (Liesen) in einen Topf mit gesalzener Milch legen, so daß die Leber bedeckt ist. 6 bis 7 Stunden weichen lassen. Abgedeckt dünsten, bis die Milch eingekocht ist.

In einer Pfanne Gänsefett auslassen. Die abgetropfte Leber kurz darin anbraten. Keine weiteren Gewürze verwenden! Sowohl kalt als auch warm ist dieses Gericht eine Köstlichkeit.

Dünsten

Gänseleber mit einigen Champignonstiften spicken und in kräftiger Hühner- oder Geflügelbrühe, die mit 2 bis 3 Nelken gewürzt wurde, dünsten.

Rösten

Die Leber auf ein Stück Gänsefett (ca. 100 g) in eine Kasserolle geben. Mit kleinen Schalotten umlegen. Eventuell eine Knoblauchzehe beifügen. Mit 100 ml Weißwein auffüllen und kochen, bis die Flüssigkeit reduziert ist. Zwiebeln und Knoblauch herausnehmen. $^1/_2$ Teel. Paprika Edelsüß in das Fett geben, verrühren und die Leber noch ca. 2 Minuten darin rösten. Dazu reicht man frisches Weißbrot und einen trockenen Tokayer.

Paprikakartoffeln

1 kg Kartoffeln, 80 g Schmalz (Gänsefett), 2 Zwiebeln, 1 Eßl. Paprika Edelsüß, 2 bis 3 Tomaten, 2 rote Paprikaschoten, Salz, Pfeffer aus der Mühle, 200 ml saurer Rahm, 1 Eßl. gehackter Schnittlauch.

Kartoffeln schälen, längs vierteln. Nochmals gut waschen. Im Fett die Zwiebelwürfel anrösten. Mit Paprikapulver bestreuen. Tomaten ohne Haut und Kerne sowie Paprikastreifen und die Kartoffelstücke zugeben. Kräftig würzen und mit Rahm begießen. Eventuell noch etwas Wasser zugeben. Abgedeckt garkochen. Mit Schnittlauch bestreuen. Dazu passen warme ungarische Knackwurstscheiben.

Gefüllte Putenbrust

Für die Füllung:
50 g magerer Speck, 1 Zwiebel,
2 altbackene Brötchen,
2 Eier, 200 ml Milch,
100 g Geflügelleber (Pute),
1 Eßl. gehackte Petersilie,
Pfeffer, Salz, Paprika Edelsüß.

1 Putenbrust (800 bis 1000 g),
Salz, Pfeffer, Paprika,
80 g Butterschmalz, 200 ml Rotwein,
500 ml saure Sahne,
etwas frischer Thymian.

Für die Beilage:
800 g Maronen (Eßkastanien) ohne
Schale, 50 g Butter, 1 Eßl. Zucker,
125 ml Weißwein.

Für die Füllung den Speck würfeln, auslassen und darin die Zwiebelwürfel glasig schwitzen. Brötchenwürfel, Eier und Milch mit dem Speck gut mischen und verkneten. Gewürfelte Geflügelleber, Petersilie und Gewürze zugeben. In die Putenbrust eine große Tasche schneiden. Füllung hineingeben, eventuell zunähen. Gut würzen und im Butterschmalz schön braun anbraten. Fond mit etwas Wasser und Rotwein angießen. Im Ofen abgedeckt ca. 1 Stunde bei 170° C fertig garen. Putenbrust herausnehmen und warmstellen. Saucenfond mit saurer Sahne binden, frische Thymianblätter darin ziehen lassen. Sauce passieren.

Die Maronen in Butter gleichmäßig vorsichtig anbraten. Mit dem Zucker bestreuen und leicht karamelisieren. Mit Wein ablöschen.

Das Gericht mit gekochtem Rotkohl und Nockerln servieren.

Rinderpörkelt

800 g Rinderschulter,
2 mittelgroße Zwiebeln,
80 g Schweineschmalz,
1 Eßl. Paprika Edelsüß,
1 Eßl. Tomatenpaste, Salz, Pfeffer.

Fleisch in mittelgroße Würfel schneiden. In einem Topf die Zwiebelwürfelchen im Schmalz anbraten. Paprika und Tomatenpaste zugeben, durchschwitzen. Das Fleisch anbraten, erst danach salzen und pfeffern. Bei geringer Hitze langsam weichdünsten. Eventuell von Zeit zu Zeit etwas Wasser oder trockenen Weißwein zugießen. Der Fond darf nicht zu dünn werden. Soll das Gericht schärfer werden, mit Kirschpaprika nachwürzen. Mit Sauerkraut, Kartoffeln, Wirsing oder grünen Bohnen anrichten.

Kesselgulasch

4 Zwiebeln, 60 g Schmalz, 1 Eßl. Paprika Edelsüß, 500 g Rinderhüfte, Salz, 1 l Brühe, je 1 Paprikaschote rot und grün, ½ Suppengrün, 300 g Kartoffeln, 2 Tomaten, ½ Teel. Kümmel (grob gehackt), einige Pfefferkörner (gedrückt), 1 Stück Kirschpaprika.

Fein gehackte Zwiebelwürfel im Schmalz hellbraun anbraten. Vom Feuer nehmen. Paprika unterrühren und Rindfleischwürfelchen zugeben. Salzen, mit Brühe aufgießen. Halbgar kochen. Gemüse putzen und würfeln. Nacheinander Paprika, Sellerie, Lauch, Möhre und zuletzt Kartoffeln und Tomaten (ohne Haut) zugeben. Gut durchkochen, Gewürze und zerdrückten Kirschpaprika je nach Schärfe untermischen. Dazu leichte Nockerln (s. S. 119) reichen.

Rinderhüfte à la Tokany

*750 g Rinderhüfte, 80 g Schmalz,
4 Zwiebeln, 1 Eßl. Paprika Edelsüß,
500 ml Knochenbrühe (s. S. 12),
Salz, 4 Tomaten, Majoran.*

Fleisch in 12 kleine Scheiben schneiden. In einer Kasserolle im Schmalz schön braun anbraten. Fleisch herausnehmen, Zwiebelscheiben im Fett anschwitzen. Paprikapulver untermischen und mit Knochenbrühe ablöschen. Fleisch salzen, wieder in den Fond geben. Abgedeckt bei milder Hitze gar schmoren. Das Fleisch darf nur wenig Fond bilden. Tomaten enthäuten, entkernen und würfeln. Mit dem Majoran zum Fleisch geben. Zur Rinderhüfte serviert man frische Stampfkartoffeln oder Butterreis und trockenen Rotwein.

Tafelspitz auf Hortobagyer Art

800 g Rindertafelspitz (ein Teil des Schwanzstücks der Rinderkeule),
50 g Speiseöl, Salz, Pfeffer,
1 Eßl. Paprika Edelsüß, 2 Zwiebeln,
500 ml Knochenbrühe,
1 Suppengrün,
je 1 Paprikaschote rot und grün,
200 g Champignons, 2 bis 3 Tomaten,
200 g feine Erbsen,
80 g Butterschmalz,
250 ml saure Sahne, 1 Eßl. Mehl.

Das Fleisch im Öl schön braun von allen Seiten anbraten. Mit Salz, Pfeffer und etwas Paprika würzen. Zwiebelscheiben im Bratenfett kräftig Farbe nehmen lassen. Mit der Brühe ablöschen. In diesem Fond das Fleisch abgedeckt im Ofen schmoren lassen, bis es weich ist. Fleisch herausnehmen und warmstellen.

In der Zwischenzeit das Suppengrün putzen und würfeln, die Paprikaschoten in Würfel schneiden, die Champignons putzen und vierteln, die Tomaten enthäuten und grob würfeln. Der Reihe nach das gesamte Gemüse im Butterschmalz anschwitzen, mit Paprikapulver bestreuen und das Gemüsegemisch in den Bratenfond geben. Saure Sahne und Mehl mischen, in den Gemüse-Saucen-Fond geben und kurz durchkochen. Fleisch in 2 cm dicke Scheiben schneiden, in die Sauce legen und kurz durchziehen lassen.

Dazu reicht man Butternockerln.

Filetbraten à la Dubarry

750 g Rinderfilet,
150 g magerer Speck,
75 g Butterschmalz,
2 Möhren, 2 Petersilienwurzeln,
1/2 Eßl. Tomatenpaste,
1/2 Eßl. Paprika Edelsüß,
Salz, weißer Pfeffer,
250 ml Knochenbrühe,
250 ml trockener Weißwein,
1 Eßl. Mehl.

Rinderfilet von Haut und Sehnen befreien. Mit Speckstreifen spicken. Den restlichen Speck in Würfel schneiden und im Butterschmalz anbraten. Filet zugeben, gut anbraten, herausnehmen. Gemüse putzen, in Scheiben schneiden und im Bratenfett anschwitzen. Mit Tomatenpaste, Paprika, Salz und Pfeffer würzen. Mit Brühe und Wein ablöschen und im Gemüsesud

das Filet gardämpfen. Das Filet herausnehmen und den Fond mit etwas angerührtem Mehl binden. Beim Anrichten die Gemüsesauce über das Filet geben. Möchten Sie das Filet rosa haben, beenden Sie den Bratprozeß vor dem Dämpfen und schlagen das Fleisch in Folie ein. Vor dem Servieren das Filet untersaucieren.

Filetbraten – auch Lungenbraten genannt – ist eine internationale Spezialität. Dieses Rezept stellt Ihnen eine ungarische Variation vor.

Saure Wetretsche

8 Scheiben aus der Rinderblume,
Salz, 50 g Schmalz, 2 Zwiebeln,
weißer Pfeffer aus der Mühle,
½ Zitrone, 100 ml saure Sahne,
250 g kleine Champignonköpfe.

Fleischscheiben salzen. Im Schmalz anbraten, abgedeckt halbgar dämpfen. Fleisch herausnehmen und abkühlen lassen. Zwiebelringe im Bratenfett gut bräunen. Das Fleisch in Streifen schneiden und in die Zwiebeln geben. Alles gut vermengen. Mit Pfeffer bestreuen. Zitronensaft und saure Sahne untermischen. Zum Schluß die Pilze zugeben und garziehen lassen. Mit Butterreis auftragen.

Spanferkelpörkelt

50 g Butterschmalz, 2 Zwiebeln,
1 Eßl. Paprika Edelsüß,
750 g Ferkelschulter mit Schwarte
(ohne Knochen), Salz,
125 ml Weißwein.

In einer Kasserolle das Butterschmalz erhitzen. Die feinwürflig geschnittenen Zwiebeln darin anbraten. Mit Paprika bestreuen. Ferkelfleisch grob würfeln, etwas salzen und im Schmalz gut anbraten. Mit Wein ablöschen. Abgedeckt ca. 30 Minuten garschmoren. Ist das Fleisch weich, sollte die Sauce feinsämig sein.

Dazu reicht man Eiergraupen und kleine Karotten.

Ein besonders um die Osterzeit beliebtes Gericht.

Wiener Schnitzel

8 Kalbsschnitzel aus der Keule
(je 80 bis 100 g),
Salz, weißer Pfeffer aus der Mühle,
75 g Mehl, 3 Eier,
150 g Semmelmehl,
100 g Schmalz oder Öl,
Zitronenscheiben, Sardellen.

Kalbsschnitzel beim Fleischer gut klopfen lassen. Mit Salz und Pfeffer würzen, etwas ruhen lassen. In Mehl wälzen, durch geschlagenes Ei ziehen und in den Semmelbröseln wälzen. Panade mit dem Handballen fest anklopfen. In reichlich heißem Fett schön goldgelb backen. Herausnehmen, auf Küchenkrepp abtupfen, mit je einer Zitronenscheibe und einem Sardellenring garnieren und sofort servieren. Dazu passen Pommes frites mit Gurkensalat.

Lammpaprikasch

200 g Zwiebelwürfel, 60 g Öl,
1 Eßl. Paprika Edelsüß,
800 g Lammfleisch, Salz,
weißer Pfeffer, 1/2 Knoblauchzehe,
250 ml Roséwein, 250 ml saure Sahne,
Basilikumblättchen.

Zwiebelwürfel im Öl anbraten. Mit Paprikapulver bestreuen. Das Lammfleisch grob würfeln, im Öl gut anbraten. Salzen, pfeffern und den Knoblauch zugeben. Mit Wein ablöschen und in ca. 50 Minuten gardünsten. Saure Sahne unterrühren und nochmals gut durchkochen. Mit frischen Basilikumblättern garnieren. Als Beilage Nockerln oder Kartoffeln servieren.

Gefüllte Hähnchenbrust »Szombathely«

Für die Füllung:
3 Semmeln oder Brötchen,
200 ml Milch, 3 Eier,
Salz, Pfeffer,
1 Eßl. gehackte Petersilie,
1 Eßl. geschnittener Schnittlauch,
20 g Butter, 100 g Champignons.
Für die Hähnchenbrust:
4 Hähnchenbrüste,
Salz, Pfeffer,
50 g Butter,
100 ml Wein,
100 ml saure Sahne.

Die Brötchen in der Milch einweichen. Ausdrücken und durch den Wolf drehen. Die Masse mit den Eiern, Gewürzen, Kräutern und den in Butter angeschwitzten Pilzwürfelchen mischen.

Die Hühnerbrüste einschneiden, mit dem Semmel-Kräuter-Gemisch füllen und würzen. In der Butter von allen Seiten anbraten. Mit Wein ablöschen und abgedeckt gardämpfen. Abschließend die saure Sahne in den Fond geben und durchkochen.

Als Beilage empfehlen sich Strohkartoffeln und buntes Gemüse in Rahm.

Statt Hähnchen- kann man auch Poulardenbrüste verwenden.

Paprikahuhn

100 g Speck, 100 g Zwiebelwürfel, 1 Eßl. Paprika Edelsüß, 1 Eßl. Mehl, 250 ml Brühe, 100 ml saure Sahne, je 4 Hähnchenbrüste und -keulen, 50 g Butterschmalz, Salz.

Für die Paprikasauce den gewürfelten Speck gut ausbraten. Zwiebelwürfel zugeben, mit Paprikapulver bestäuben, kurz anschwitzen. Mehl unterrühren. Mit Brühe auffüllen, glattrühren und ca. 10 Minuten durchkochen. Saure Sahne zugeben und die Sauce warmstellen. Hähnchen in Butterschmalz anbraten, salzen und mit Paprikapulver einreiben. Nachbraten, mit der Paprikasauce begießen und abgedeckt 25 bis 30 Minuten garen. Mit leichten Nockerln (s. S. 119) gleich zu Tisch bringen.

Gebackene Gänsebrust

1 Gänsebrust am Knochen (700 bis 800 g), 50 g Gänsefett, 2 Brötchen, 1 Zwiebel, 2 Eier, Salz, Pfeffer, Beifuß.

Gänsebrust vom Knochen lösen. Haut mit Fett abziehen, beiseite legen. Fleisch mit Gänsefett, eingeweichten Brötchen und angeschwitzten Zwiebelwürfelchen durch den Wolf drehen. Mit Eiern mischen. Würzen und gut durchkneten. Diese Masse so auf den Brustknochen bringen, daß er seine ursprüngliche Form erhält. Die Fetthaut in Streifen schneiden und obenauf legen. Brust in der Pfanne mit etwas Gänseschmalz braten. Häufig mit Bratfett begießen. Eventuell mit 100 ml Rotwein ablöschen und 50 Minuten garen. Dazu reicht man sautierte Maronen, Sauerkirschen oder Weintrauben sowie kleine Kartoffeln.

Entenkeulen in Sauerkraut

4 Entenkeulen (je 350 bis 400 g),
Salz, weißer Pfeffer,
1 Teel. Paprika Edelsüß,
100 g Bruststpeck, 1 kg Sauerkraut,
500 g Äpfel (Boskoop),
125 ml Weißwein.

Entenkeulen waschen, trockentupfen und würzen. Speckwürfel glasig braten. Nun abwechselnd die Hälfte des gewaschenen Sauerkrauts und der geviertelten Äpfel (mit Schale), die Entenkeulen, die andere Hälfte des Krautes und der Äpfel auf den Speck schichten. Am besten eignet sich dafür ein Römertopf. Mit Weißwein begießen. Abgedeckt im Ofen bei 170° C ca. 90 bis 100 Minuten garen. Im Topf auf den Tisch bringen. Dazu passen Salzkartoffeln und ein kräftiger Wein.

Entenbraten à la Gundel

1 Ente (ca. 2 kg), 300 g Maronen, 150 g Entenleber, 1 Entenmagen, 1 Entenherz, 50 g Zwiebelwürfel, 50 g Schmalz, Salz, Pfeffer, etwas Beifuß, 500 ml Geflügelbrühe, 250 ml Rotwein, 2 unbehandelte Orangen, 1 Eßl. Kartoffelmehl.

Ente waschen. Kastanien hineinfüllen. Gehackte Innereien mit Zwiebel im Schmalz anbraten und ebenfalls in die Ente füllen. Ente kräftig würzen, mit der Brühe ansetzen und im Ofen bei 180° C braten. Nach und nach Rotwein zugießen. Abschließend den Saft der Orangen zugeben, Sauce mit angerührtem Mehl leicht binden und passieren. Schale einer Orange von der weißen Innenhaut befreien, in Streifchen schneiden und an die Sauce geben. Ente mit Orangenfilets garnieren.

Spanferkel »Betyáren«

1 Spanferkel (8 bis 10 kg), Salz, Pfeffer, etwas Knoblauch, gemahlener Kümmel, Majoran, 1 Suppengrün, 500 g Zwiebeln, 500 ml Knochenbrühe, 1 l Pilsner Bier, 1 l Rotwein.

Zum Zubereiten dieser Spezialität benötigen Sie einen relativ großen Ofen und eine passende Pfanne. Das Spanferkel erhalten Sie küchenfertig bei Ihrem Fleischer – bitte vorbestellen!

Das Spanferkel mit der Gewürzmischung innen und außen einreiben. In die Pfanne geben, mit dem kleingeschnittenem Suppengrün und grob gewürfelten Zwiebeln umlegen. Mit Brühe begießen. Jetzt bei ca. 140° C langsam garen. Hin und wieder mit Bier und Wein abwechselnd begießen bzw. bepinseln. 3 bis 4 Stunden bei langsam auf 180° C steigende Temperatur garen.

Als Beilage reicht man frische Salate je nach Geschmack und Angebot, frische Salz- oder Gewürzgurken, Senf und Sahnemeerettich. Dazu gehört ein junger Wein oder ein frisch gezapftes Bier vom Faß.

Spanferkel ist eine Spezialität der alten ungarischen Küche, die vor allem auf dem Lande und auf Burgen zubereitet wurde. Der Volksmund behauptet sogar, man habe seinerzeit gefüllten Ochsen serviert: In den Ochsenbauch kam ein Kalb, da hinein ein Lamm oder Zicklein, das wiederum mit Kapaun oder Poularde gefüllt war, und letztere hatten Tauben und Wachteln in sich … Heute wird Spanferkel besonders bei großen Familienfeiern serviert.

Siebenbürger Holzplattenfleisch

1 kg Fleisch (je 200 g Rinderfilet oder Rumpsteak, Schweinefilet, Kalbsrückenfilet und Schweinekotelett), 50 g Öl, Pfeffer, Paprika Edelsüß, 4 kleine Zwiebeln, Salz, 150 g magerer Speck.

Fleisch portionieren und leicht klopfen. Mit Öl bepinseln, mit Pfeffer und Paprika würzen. Kalt stellen und 2 Stunden marinieren. Zwiebeln pellen und quer halbieren. Fleisch und Zwiebeln auf einem Rost oder in der Pfanne braten und salzen. Speck kammförmig einschneiden und anbraten. Fleisch auf gebratenen Kartoffeln anrichten, obenauf den Speck legen. Als Beilage reicht man Gewürz- oder Pfeffergurken, gegrillte Tomaten und Zwiebeln sowie Maisgemüse.

Halászlé

1 Eßl. Öl, 500 g Fischkarkassen oder Fischabgänge (Wels, Schill, Karpfen), 3 Zwiebeln, 3 Tomaten, 1 bis 2 Eßl. Paprika Edelsüß, Salz, 1 Paprikakirsche, 600 g Karpfenfilets.

Kochgefäß ausfetten. Schichtweise die Fischabgänge und die in dicke Scheiben geschnittenen Zwiebeln und Tomaten einlegen. Zwischen die Schichten Paprikapulver streuen. Alles salzen, mit Wasser begießen und zum Kochen bringen. 30 bis 45 Minuten kochen lassen. Zum Schluß die Paprikakirsche zugeben. Fischfond passieren und nochmals gut abschmekken. Streifen von Karpfenfilet in den Fischfond legen, 25 bis 30 Minuten garziehen lassen. Im Gargefäß auf den Tisch bringen und dazu frisches gebrochenes Weißbrot reichen.

Junger Fogasch

2 kleine Zander (je 600 bis 700 g),
2 Zitronen, Salz,
weißer Pfeffer aus der Mühle,
1 Teel. Paprika Edelsüß,
100 g Butterschmalz,
1 Bund krause Petersilie.

Die ausgenommenen Zander mit Kopf gründlich waschen. Trockentupfen und die Rückenseiten schräg einschneiden. Innen und außen mit Zitronensaft beträufeln, mit Salz, Pfeffer und Paprika würzen. Im heißen Fett von beiden Seiten kroß braten. Mit reichlich Zitronensaft beträufeln und mit gebackener Petersilie garnieren. Als Beilage Pommes frites, Blattsalate und Tomatenecken reichen.

Altungarischer Hasenbraten

4 mittelgroße Hasenkeulen (gespickt),
50 g Butterschmalz,
Salz, Pfeffer,
einige Wacholderbeeren (gedrückt),
250 ml Rotwein halbtrocken,
2 Eßl. Zucker,
Saft von 1 Zitrone,
100 ml saure Sahne,
50 g Mehl.

Von den Hasenkeulen die Schlußknochen und Schlegel abtrennen. Alles zusammen in der Röhre schön braun anbraten. Kräftig würzen. Mit Rotwein ablöschen, regelmäßig übergießen. Wenn das Fleisch gar ist, herausnehmen und vom Knochen lösen. Den Zucker hellbraun karamelisieren, mit Zitronensaft ablöschen und den Bratenfond zugießen. Durchkochen. Saure Sahne und Mehl verquirlen. In den Fond geben, glattrühren und anschließend passieren. Die Fleischstücke in der Sahne gut durchwärmen und vor dem Anrichten mit etwas saurer Sahne beträufeln.

Als Beilage reicht man dazu Semmelknödel und einen guten, kräftigen Rotwein.

Hortobagyer Palatschinken

500 g Kalbfleisch,
300 g Zwiebelwürfel,
1 Eßl. Paprika Edelsüß, Salz, Pfeffer,
250 ml saure Sahne, 1 Eßl. Mehl,
pro Person 2 Palatschinken (s. S. 119),
250 ml süße Sahne.

Aus Kalbfleisch, Zwiebelwürfeln und Gewürzen ein Pörkelt kochen. Das Fleisch soll nicht zu weich sein. Nach dem Garen durch den Wolf (grobe Scheibe) drehen. Die Fleischmasse mit saurer Sahne, Mehl und Bratenfond mischen. Durchkochen und abschmecken. Die Palatschinken mit dem Ragout füllen, rollen oder in Ecken schlagen. Mit süßer Sahne übergießen und in der Röhre erwärmen.

Gezupfte Nudeln mit Sahne

400 g Mehl, 2 Eier, 100 ml Milch, 50 g Butter, 3 Eigelb, 200 ml saure Sahne, 1/2 unbehandelte Zitrone, 60 g Puderzucker, 3 Eiklar.

Aus Mehl, Eiern und Milch den Nudelteig kneten und dünn ausrollen. In Flecken reißen oder breite Nudeln schneiden, 6 bis 8 Minuten in Salzwasser kochen. Abgießen und kurz kalt abbrausen. 30 g Butter mit 3 Eigelb, 200 ml saurer Sahne, abgeriebener Zitronenschale und Puderzucker glattrühren. Diese Masse mit den Nudeln mischen. Eiklar steifschlagen und unterheben. Nudelmasse in eine gebutterte, mit Semmelbröseln ausgestreute Auflaufform geben. Mit restlicher saurer Sahne begießen. Im Ofen bei 200° C 10 bis 12 Minuten backen.

Topfenpalatschinken

300 g Magerquark, 3 Eier,
150 g Puderzucker,
pro Portion 2 dünne gebackene Palatschinken (s. S. 119),
30 g Butter,
1 Päckchen Vanillezucker,
200 ml saure Sahne.

Quark mit Eigelb und 100 g Puderzucker glatt und geschmeidig rühren. Eiklar zum Eischnee schlagen und unterheben. Palatschinken mit dieser Masse füllen und in eine feuerfeste, leicht gebutterte Form legen. Den restlichen Puderzucker mit Vanillezucker und der sauren Sahne mischen, auf die Palatschinken gießen und ca. 15 Minuten bei 180° C backen.

Gundelpalatschinken

50 g Butter, 100 g Puderzucker,
1 Päckchen Vanillezucker,
Saft von 2 Orangen,
4 cl Orangenlikör,
100 ml Schlagsahne,
150 g Haselnüsse (gemahlen),
pro Portion 2 dünne gebackene
Palatschinken (s. S. 119),
125 ml Schokoladensauce.

Butter, zwei Drittel vom Puderzucker, Vanillezucker, Orangensaft und -likör sowie die Sahne zum Kochen bringen. Die Haselnüsse zugeben und stark erwärmen. Vorsicht, brennt schnell an! Die Palatschinken mit dieser Masse füllen, rollen oder Ecken schlagen, mit Puderzucker bestreuen. Kurz überglänzen und zum Servieren mit Schokoladensauce streifenweise übergießen.

Kaiserschmarrn

400 ml Vollmilch, 4 Eier, 50 g Zucker, 1 Prise Salz, 250 g Mehl, 60 g Butterschmalz, 50 g süße Mandelstifte, 100 g Aprikosenmarmelade, 50 g Sultaninen (in 5 cl Baracs Palinka eingeweicht), 50 g Puderzucker.

Aus Milch, Eigelb, Zucker, Salz und Mehl einen Eierkuchenteig bereiten. Eiklar steifschlagen und vorsichtig unterheben. Teig 1 Stunde ruhen lassen. In einer großen Pfanne 30 g Butterschmalz erhitzen und den Teig beidseitig darin backen. Herausnehmen, mit zwei Gabeln in 2 x 2 cm große Stücke reißen. In der gleichen Pfanne in Butterschmalz die Mandeln rösten. Marmelade und Sultaninen zugeben. Eierkuchenstücke untermischen und leicht glacieren. Mit reichlich Puderzucker bestreut servieren.

Schomlauer Nockerln

(für 6 bis 8 Personen)

Für den Teig:
1 Wiener Tortenboden,
250 ml Läuterzucker (125 ml mit 150 g Zucker vermischt), 5 cl Himbeergeist.

Für die Füllung:
400 g Haselnüsse und 400 g Walnußkerne (gemahlen),
50 g Sultaninen, 8 cl Barasc-Palinka, 150 g Puderzucker, Saft von 2 Zitronen und 2 Orangen, Zesten (schmale Streifen der Schale) von je 1 unbehandelten Zitrone und Orange,
75 g Schokoladenflocken.

Zur Garnierung:
Pro Portion 50 g Schlagsahne,
50 g Schokoladensauce,
20 g Puderzucker.

Den Tortenboden quer halbieren. Eine Hälfte in eine Tortenform geben und mit einigen Eßl. Läuterzucker, der mit Himbeergeist vermischt wurde, tränken. Aus Nüssen, Sultaninen, Barasc-Palinka, Zucker, Saft und Zesten der Zitronen und Orangen sowie den Schokoladenflocken eine Füllung herstellen. Diese Masse auf den halben Tortenboden geben, die andere Hälfte des Tortenbodens obenauf setzen. Diesen wiederum tränken und alles fest andrücken. Kalt stellen. Zum Servieren Stücke abstechen, mit Schlagsahne garnieren, mit warmer Schokoladensauce begießen und mit Puderzucker bestreuen.

Ungarischer Brotpudding
(für 6 bis 8 Personen)

3 Eier, 100 g Zucker,
40 g Butter, 500 ml Vollmilch,
200 g altbackene Weißbrot- oder Toastbrotscheiben,
100 g Sultaninen (mit 5 cl Rum mariniert)
100 g gemahlene Walnüsse,
500 g Äpfel,
80 g Aprikosenmarmelade.

Eier trennen. Eigelb und Zucker schaumig rühren. Die zerlassene Butter untermischen und die lauwarme Milch dazugeben. Die Weißbrotscheiben mit dieser Mischung begießen und gut durchtränken lassen.
Eine Auflaufform ausbuttern und die Hälfte des Brotes hineinlegen. Mit Sultaninen und den gemahlenen Walnüssen bestreuen. Das restliche Weiß-

brot darauf legen. Aus den Äpfeln die Kerngehäuse ausstechen. Äpfel schälen, in dünne Scheiben schneiden und diese senkrecht in das Brot stecken. Bei 190° C ca. 30 Minuten backen.

In der Zwischenzeit die 3 Eiklar steifschlagen und mit der Aprikosenmarmelade mischen. Das Gebackene damit überziehen, glattstreichen und den Brotpudding nochmals 15 Minuten bei 160° C gut backen. Warm in Stücke schneiden und servieren.

Kleines Küchenlexikon

Palatschinken-Grundteig

(für 20 Stück)

500 ml Milch, 3 Eier, 300 g Mehl und eine Prise Salz zum Teig verrühren und in einer großen Pfanne in heißem Öl von beiden Seiten backen. Für süße Palatschinken zusätzlich 30 g Zucker in den Teig geben.

Buttercroutons

Toastbrot oder Brötchen in 1 x 1 cm große Würfel schneiden und in Butter schön knusprig rösten.

Leichte Nockerln

400 g Mehl, 3 Eigelb, 100 ml süße Sahne, 300 ml Wasser und Salz gut mischen und zum Garen auf einem Durchschlag ins kochende Wasser laufen lassen. Als Beilage servieren.

Kleine Nockerln

Mehl, Ei und Salz gut verkneten, dünn ausrollen. In sehr feine Würfel schneiden und rund formen. Je nach Gebrauch kochen und als Suppeneinlage verwenden.

Sauce tatare

300 g Mayonnaise, 1 Eßl. Senf (mittelscharf), 50 g Schlagsahne, 5 cl Wein, Saft von 1/2 Zitrone, etwas Puderzucker, einige Spritzer Worcestershire-Sauce und 1 Eßl. Petersilie gut miteinander verrühren.

Strudelgrundteig

Aus 300 g glattem Mehl, 5 g Salz, 40 g Öl und 150 ml lauwarmem Wasser einen mittelfesten Teig bereiten. Kleine runde Laibe formen, mit flüssiger Butter bestreichen und 1 Stunde ruhen lassen. Für die Zubereitung des Strudels die geformten Laibchen mit dem Rollholz ausrollen und den ausgerollten Teig mit dem Handrücken auf einem Strudeltuch ausziehen.

Fischfarce

300 g Hechtfilet fein durchdrehen. Kalt mit 100 ml Schlagsahne mischen, durch ein Haarsieb streichen und erneut 100 ml Schlagsahne tröpfchenweise untermischen. Mit Salz und weißem Pfeffer würzen. 1 Eßl. gehackten Dill zugeben.

Türkischer Kaffee

10 g staubfein gemahlenen Mokka mit 10 g Puderzucker in 100 ml kaltes Wasser einrühren. Im Kupfergefäß zwei- bis dreimal aufkochen. Nicht umrühren und im Kochgefäß auftragen.

Klären

1 Eiklar schlagen. Mit $^1/_2$ grob geschnittenem Suppengrün mischen. Mit kalter Brühe aufgießen, zum Kochen bringen und passieren.

Pochieren

Garen unter dem Siedepunkt, meist mit viel Flüssigkeit.

Sautieren

Kleingeschnittene Zutaten eines Gerichts in wenig Fett schwenken und dabei garen. Möglichst eine Kasserolle oder Pfanne mit hohem Rand verwenden.

Rezeptverzeichnis

Die Speisen für dieses Büchlein wurden
gekocht, zubereitet und angerichtet im
Hotel Unter den Linden Betriebs GmbH
Unter den Linden 14, 10117 Berlin

Wir danken den Firmen und Unternehmen
Otto Weihe Obst und Gemüse
Beusselstr. 44 N-Q-Fruchthof, 10533 Berlin
für die Bereitstellung von Obst, Gemüse
und Küchenkräutern;
Detlef Flick Fleischgroßhandel und japanische Lebensmittel
Schöneweider Str. 16, 12055 Berlin
für die Bereitstellung der Lebensmittel,
Fleisch, Wurst und Geflügel;
Lindenberg Fisch, Hummer und mehr
Morsestr. 2, 10587 Berlin
für die Bereitstellung von Fischen;
GebrüderBoehringerGroßhandelGmbH
Neustädtische Kirchstr. 14, 10117 Berlin
für das Ausleihen von Anrichtegeschirr
und Gläsern;
Café Haus Ungarn
Karl-Liebknecht-Str. 9, 10178 Berlin
für spezielles ungarischer Interieur

Minibüchlein

Bisher erschienen:

Kochbüchlein

Abendbrotbüchlein · Backbüchlein · China-Kochbüchlein · Dessertbüchlein · Fischbüchlein · Frühstücksbüchlein · Geflügelbüchlein · Gemüsebüchlein · Gemüseraritäten · Getränkebüchlein · Gewürzbüchlein · Grillbüchlein · Kartoffelbüchlein · Kochbüchlein · Kochbüchlein Berlin-Brandenburg · Kochbüchlein Meckl.-Vorpommern · Kochbüchlein Sachsen · Kochbüchlein Sachsen-Anhalt · Kochbüchlein Thüringen · Küchenkräuterbüchlein · Nudelbüchlein · Obstbüchlein · Obstexoten · Osterbüchlein · Pfefferkuchenbüchlein · Pilzbüchlein · Quarkbüchlein · Reisbüchlein ·

Reise-Speise-Büchlein I/II ·
Salatbüchlein · Schlankes Kochbüchlein ·
Schnellkochbüchlein · Suppenbüchlein ·
Vegetarisches Kochbüchlein ·
Verführkochbüchlein · Vorspeisenbüchlein

Pflanzenbüchlein

Blumenbüchlein · Blütenbüchlein ·
Heilpflanzenbüchlein ·
Wildfrüchtebüchlein

Esoterik

Traumbüchlein I/II ·
Sternzeichenbüchlein I/II

Verlag für die Frau,
Postfach 1005, 04010 Leipzig